Susanne Flohr

Popmusik der 1960er Jahre

GRIN Verlag

Bibliografische Information der Deutschen Nationalbibliothek:

Die Deutsche Bibliothek verzeichnet diese Publikation in der Deutschen National-
bibliografie; detaillierte bibliografische Daten sind im Internet über http://dnb.d-
nb.de/ abrufbar.

Impressum:

Copyright © 2009 GRIN Verlag, Open Publishing GmbH
Druck und Bindung: Books on Demand GmbH, Norderstedt Germany
ISBN: 978-3-640-74106-9

Dieses Buch bei GRIN:

http://www.grin.com/de/e-book/158244/popmusik-der-1960er-jahre

GRIN - Your knowledge has value

Der GRIN Verlag publiziert seit 1998 wissenschaftliche Arbeiten von Studenten, Hochschullehrern und anderen Akademikern als eBook und gedrucktes Buch. Die Verlagswebsite www.grin.com ist die ideale Plattform zur Veröffentlichung von Hausarbeiten, Abschlussarbeiten, wissenschaftlichen Aufsätzen, Dissertationen und Fachbüchern.

Besuchen Sie uns im Internet:

http://www.grin.com/

http://www.facebook.com/grincom

http://www.twitter.com/grin_com

Inhaltsverzeichnis

1   Einleitung

Vielleicht lag es daran, dass ich ein verwirrter Jugendlicher war, aber in diesem Jahrzehnt hatte man das Gefühl, es sei der Anfang von allem und das Ende von allem. Aber als es vorbei war und die Uhr weitertickte, rein ins nächste Jahrzehnt, kam das deutliche Gefühl, dass es weitergehen sollte.[1]

Mit diesem Zitat von Ray Davies beginnen Crampton und Rees ihre Ausführungen zum Thema Rock- und Popmusik der 1960er Jahre. Es soll auch bei dieser Referatsausarbeitung, die sich im Rahmen des Hauptseminars „Literatur der 1960er Jahre: Popliteratur" mit dem Aspekt der „Popmusik der 1960er Jahre" beschäftigt, als Einstieg in das Thema dienen.

Im Folgenden soll zuerst die literarische Gattung der Popliteratur kurz erläutert werden, bevor sich eine spezielle Definition der Popmusik der 1960er Jahre daran anschließt. Im weiteren Verlauf folgt dann ein historischer Überblick, der damit einhergeht, dass wichtige Ereignisse der Popmusik der 1960er Jahre dargelegt werden. In Zusammenhang damit soll auch geklärt werden, was letztendlich den „Niedergang" dieser Ära eingeleitet hat. Im Anschluss folgt eine Betrachtung der *Beatles* als Mitbegründer der Popkultur, bevor letztendlich im Schlussteil erklärt wird, wie sich die Situation der Popmusik nach 1960 verändert hat.

2   Kurz-Definition Popliteratur

Die Popliteratur ist eine literarische Gattung. Sie ist eine „an den Begriff Pop-Art angelehnte Bezeichnung für die Literatur der so genannten Pop-Kultur."[2] Dabei muss zwischen zwei Arten von Popliteratur unterschieden werden. Zum einen spricht man von Popliteratur als „populäre Unterhaltungsliteratur"[3] und zum anderen als „eine Literatur, die mit provokanter Exzentrik, Monomanie, Obszönität, Unsinnigkeit und Primitivität"[4] gegen die oben genannte Art der Unterhaltungsliteratur gerichtet ist, wobei sich die Popliteratur hier selbst als „Gegen-Kunst"[5] zu der bereits vorhandenen Literatur und als Anti-Haltung gegenüber dem Elitarismus der Kunst begreift.

Die Popliteratur findet ihre Ursprünge in der Beat Generation der 1940er und 1950er Jahre in den Vereinigten Staaten von Amerika. Das Wort Pop trägt hier die Bedeutung *popular* (dt. populär), was als volkstümlich, für das Volk, weit verbreitet oder beliebt übersetzt werden kann. Es lässt sich jedoch auch auf den Laut pop zurückführen, „der soviel wie

---

[1] Crampton/Rees 2003, S.90.
[2] Metzler 1990, S.359.
[3] Metzler 1990, S.359.
[4] Metzler 1990, S.359.
[5] Metzler 1990, S.359.

Zusammenstoß, Knall"[6] bedeutet. Es handelt sich hierbei um eine umfassende Strömung, die für die breite Masse zugänglich gemacht werden soll und daher oft trivial oder billig erscheint. Mit Hilfe der Popliteratur soll außerdem die Entscheidung zwischen Unterhaltung und Ernst in der Literatur unterbunden und dadurch eine Vereinigung beider Aspekte herbeigeführt werden. Pop wird ferner in den 1960er Jahren als Phänomen einer Jugendkultur verstanden und findet diverse Vorläufer im 20. Jahrhundert beispielsweise im Jazz oder in der Kunst im Dadaismus.

Einige Gründe für die Entwicklung der Popliteratur sind die Werte einer ganzen Generation, die Massenkultur als Subkultur und sowohl Verweigerung als auch Ironisierung. Zu Beginn war diese Art der Literatur eine Infragestellung des „Sinn[s] einer hochkulturellen, bürgerlichen Literatur"[7], an der die Bevölkerung nach zwei Weltkriegen und anderen politischen Geschehnissen zu zweifeln begann. Jedoch hat sich der Begriff des Pop in den 1990er Jahren zunehmend entpolitisiert und ist nicht mehr primär als der Widerstandsbegriff zu sehen, der er einst war, sondern vielmehr als eine Literatur der „jungen Wilden", die ein „junges, kaufkräftiges Publikum"[8] anspricht. Da sich die Jugendkultur der 1960er Jahre jedoch nicht einzig und allein durch Parolen, Bücher oder ein Lebensgefühl ausdrückt, sondern auch durch die Musik, über die sich eine ganze Generation von Jugendlichen neu definiert, soll darauf im Folgenden eingegangen werden. Es wird dabei gezeigt, welchen Einfluss die Popmusik auf die Jugend dieser Zeit hat und wie sie ihren „Niedergang" gegen Ende der 1960er Jahre nimmt.

3 Definition Popmusik

Bevor sich eingehend mit dem geschichtlichen Überblick und den mehr oder minder bedeutenden Ereignissen der 1960er Jahre beschäftigt wird, sollte zunächst eine Definition des Begriffs „Popmusik" stattfinden.

Die Ursprünge der Popmusik lassen sich auf das 19. Jahrhundert zurückführen und sind in der afroamerikanischen Musik zu finden. Diese entstand schon zu früherer Zeit, wurde jedoch erst im 19. Jahrhundert schriftlich dokumentiert. Die uns geläufige Variante dieser Musik wird Blues genannt. Aus dem Blues bilden sich Jazz und Rhythm ´n` Blues, der wiederum der Vorläufer des Rock ´n` Roll ist. Letztlich bildet sich daraus dann die Popmusik.

Diese musikalische Entwicklung hat sich unter dem Einfluss der geschichtlichen Geschehnisse im 20. Jahrhundert vollzogen und wird hauptsächlich von einer

---

[6] Ernst 2001, S.7.
[7] Ernst 2001, S.6.
[8] Ernst 2001, S.7.

Bevölkerungsschicht, den Jugendlichen, getragen. Dabei war es der jugendlichen Generation wichtig, sich nicht nur äußerlich sondern auch musikalisch von den Erwachsenen abzuheben.

Um die Bedeutung des Wortes „Pop" zu klären, ist es unzureichend zu sagen, dass es einzig von „popular" hergeleitet wird, „da der onomatopoetische […] Eigenwert dieser Silbe mit jenem schillernden Bedeutungsspielraum zwischen Protest, Scherz, Kunstanspruch, extravagantem Konsum usw. dabei verloren geht."[9] Popmusik ist bei der Bevölkerung nur deshalb so populär, weil sie keinen Bildungsanspruch stellt und es um den kommunikativen Zweck geht, nicht nur um die Unterhaltung, sondern auch um die Aussagekraft der Texte.

„Die populäre Musik entwickelt sich […] aus der Suche der urbanen Bevölkerung nach einer Ablenkung von der durch die Industrialisierung erzeugten Entfremdung."[10] Das Volk sucht verstärkt nach etwas, das sie tröstet und von ihren Sorgen und Problemen ablenkt. Durch die stetig anwachsende Musikindustrie wird die Popmusik jedoch auch bald für die ländliche Bevölkerung zugänglich gemacht und dadurch immer weiter verbreitet.

Diederichsen äußert sich dazu folgendermaßen: „Pop-Musik kommt immer in zwei Formen vor, das gilt bis heute: als Vertretung und als Versprechen."[11] Dies soll nochmalig unterstützen, dass Popmusik entweder den Eintritt in die Welt generell ermöglicht oder den Menschen eine andere Welt vorgaukelt und ihnen durch das Hören der Musik ein Zugehörigkeitsgefühl zu dieser Welt verspricht. Die Jugendlichen der 1960er Jahre beginnen sich mit dem, was sie in den Texten der Lieder hören, zu identifizieren. Zu dieser Zeit kann Popmusik als Jugendmusik definiert werden, macht jedoch bald einen Bedeutungswandel durch, und wird später oft als Trivialmusik bezeichnet.

Als eines der häufig aufgeführten Merkmale der heutigen Popmusik ist die „Ausrichtung auf ein breites Publikum, […] die vornehmlich der Unterhaltung dient und kommerzielle Absichten verfolgt"[12] zu nennen, da eine große Hörerschaft erreicht werden soll. Die Popmusik wird erst dadurch so populär, dass sie sich aus Strophen zusammensetzt, die einen wiederkehrenden Refrain beinhalten und eine eingängige Melodie aufweisen. Der Rhythmus ist meist einfach und somit an das zu erreichende Publikum angepasst. Diese Merkmale lassen sich aus der Musik der *Beatles* herausfiltern und gehen durch sie in die allgemeine Definition der Popmusik ein. Im nun folgenden geschichtlichen Überblick soll aufgezeigt werden, wie die Jugendlichen sich durch die Musik und die Ereignisse der 1960er Jahre beeinflussen lassen und wie wichtig ihnen die Identifikation mit ihrer Musik ist.

---

[9] Dahlhaus/Eggebrecht 1979, S.407.
[10] Seiler 2005, S.41.
[11] Diederichsen, Sexbeat, S. XXVII in: Seiler 2005, S.40.
[12] Fifka 2007, S.18.

4   Geschichtlicher Überblick

Es lässt sich also feststellen, dass die Popmusik der 1960er Jahre ihre Ursprünge in der afroamerikanischen Musik des 19. Jahrhunderts nimmt und dass sie in Folge der Herausbildung einer neuen Generation entsteht, die sich abzugrenzen versucht. Dabei handelt es sich um die Abgrenzung der Jugendlichen von der Welt der Erwachsenen.

Dass die Popmusik einen starken Einfluss auf die Jugend dieser Zeit nimmt, zeigt sich im nächsten Abschnitt der Referatsausarbeitung, der einen Großteil dieser Arbeit einnimmt und sich mit den zahlreichen Ereignissen der 1960er Jahre beschäftigt.

4.1   Wichtige Ereignisse in den 1960er Jahren[13]

Die 1960er Jahre waren eine wilde Zeit, in der sich einige junge Künstler zu etablieren versuchten, Drogen einfach ins Musikbusiness gehörten und eine ganze Jugendgeneration versuchte, sich über ihre Musikrichtung zu definieren und somit ein völlig neues Lebensgefühl verkörperte. Zu Beginn der 1960er tritt die bis dahin noch unbekannte Gruppe *The Beatles* erstmals in Hamburg auf, wobei niemand voraussagen konnte, dass die Karriere der vier Pilzköpfe aus England in den kommenden Jahren so steil bergauf gehen würde.

Während sich im darauf folgenden Jahr *The Beach Boys* gründen und *Bob Dylan* zum ersten Mal in New York live vor einem Publikum gegen Gage spielt, haben *The Rolling Stones* erst ein Jahr später, im Jahr 1962, in London ihren ersten großen Auftritt.

Bereits ein Jahr danach, im Jahr 1963, folgt dann das Jahr der *Beatles*, in dem sie mit der Veröffentlichung ihres Albums *Please Please Me* an die Spitze der Charts stürmen und so die Popmusik revolutionieren. Dieses Album beeinflusst die Popmusik der gesamten 1960er Jahre nachhaltig und läutet nun auch für den letzten Kritiker die große Zeit der *Beatles* ein. Im selben Jahr fällt der amerikanische Präsident John F. Kennedy einem Attentat zum Opfer und kommt dabei ums Leben.

Ein Jahr später erscheint das Debütalbum der *Rolling Stones*, was den Titel *The Rolling Stones* trägt, und welches die Spitze der britischen Charts erobert. Die Gruppe *Simon and Garfunkel* zeigt sich tief berührt vom Tod des Präsidenten und verarbeitet diesen in ihrem Lied *The Sound of Silence*. Im Jahr 1965 nimmt die britische Band *The Who* ihren Welthit *My Generation* in London auf, der durch seine eingängige Melodie und seinen aussagekräftigen Text zum Aushängeschild für viele Jugendliche dieser Zeit wird. Das nächste Jahr ist geprägt von Anti-Kriegs-Demonstrationen und dem erhöhten Drogenkonsum der Jugend, der zu einer

---

[13] Einen Überblick über die wichtigsten Ereignisse der 1960er Jahre geben Crampton/Rees in ihrem Werk *Rock und Pop. Die Chronik 1950 bis heute*. 2003, S.90-217.

wachsenden Kluft in der Gesellschaft führt. Jedoch verfällt nicht nur die jugendliche Generation den Drogen, sondern auch *The Rolling Stones*. Dies führt so weit, dass einige New Yorker Hotels sich weigern, der Band Zimmer zu vermieten, da diese für ihr rüpelhaftes Verhalten bekannt ist. Im selben Jahr treten *The Beatles* trotz stetig wachsender Popularität zum letzten Mal live auf, da es während ihrer Live-Auftritte immer wieder zu gewalttätigen Ausschreitungen kommt. Im Dezember 1966 wird Mick Jagger offiziell von einem Radio-Sender aufgrund seines übermäßigen Drogenkonsums für tot erklärt. Der Manager der *Rolling Stones* äußert sich dazu wie folgt: „Mr. Jagger möchte dementieren, dass er tot ist, und betonen, dass die Gerüchte stark übertrieben wurden."[14]

Auf ein Jahr voller Emotionen und Konflikte folgt nun die Rückbesinnung auf sich selbst und das eigene Leben. In diesem Jahr erlangen *The BeeGees* großen Ruhm und werden in der Musikbranche allgemein als „bedeutendstes musikalisches Newcomertalent 1967" [15] gehandelt. Mick Jagger und Keith Richards werden derweil wegen ihres Drogenkonsums angeklagt und zu Haft- und Geldstrafen verurteilt, die ein Berufungsgericht jedoch kurze Zeit später wieder aufhebt. Zum Entsetzen vieler Menschen gesteht Paul McCartney völlig unerwartet, dass auch er LSD genommen habe, um sich in seiner Gesinnung Gott näher zu fühlen. Nichts desto Trotz erfreuen sich *The Beatles* weiterhin großer Beliebtheit, was sich daran festmachen lässt, dass es nur 18 Monate nach der Veröffentlichung ihres Liedes *Yesterday* bereits 446 Coverversionen des Selbigen gibt. Der Sommer 1967 geht allgemein in die Geschichte als „Sommer der Liebe"[16] ein, da sich eine ganz andere Jugendbewegung als zuvor, die Flower-Power-Bewegung und damit einhergehend die Hippie-Kultur, ausbreitet. Schlagworte dieser Zeit sind „Pazifismus, freie Liebe und Bewusstseinserweiterung durch die Modedrogen LSD und Marihuana."[17] Das erste große Open-Air-Festival dieser Zeit findet im Juni in Monterey in den Vereinigten Staaten statt. Gegen Ende des Jahres, im November, erscheint die erste Ausgabe der bedeutenden Musikzeitschrift *The Rolling Stone*, die sich selbst als „eine Zeitschrift nicht nur über Musik, sondern auch über die Dinge und die Einstellungen, die dazugehören"[18] versteht.

Als der „Sommer der Liebe" zu Ende geht, liegt ein Gefühl der Revolution in der Luft. Der Anbruch des Jahres 1968 bringt die Welt in Unruhe, da das öffentliche Bild durch gewalttätige Demonstrationen, Studentenunruhen und politische Morde geprägt wird. Dies führt sogar so weit, dass das Lied der *Rolling Stones* mit dem zweifelhaften Titel *Street*

---

[14] Crampton/Rees 2003, S.175.
[15] Crampton/Rees 2003, S.182.
[16] Crampton/Rees 2003, S.184.
    1.1.1 [17] http://www.savoy-truffle.de/zippo/Stationen.html.
[18] Crampton/Rees 2003, S.188.

Fighting Man aufgrund der zahlreichen Unruhen verboten wird. *The Beatles* nehmen den Song *Julia* in Gedenken an John Lennons Mutter auf, die „1958 von einem betrunkenen Polizisten überfahren wurde und starb."[19] In diesem Jahr nimmt jedoch auch die Entfremdung der *Beatles* ihren Lauf. George Harrison und Ringo Star befinden sich für längere Zeit in Amerika, Paul McCartney und John Lennon arbeiten beide an eigenen Alben, mit den Namen *Blackbird* und *Revolution 9*. *The Rolling Stone* äußert sich zu den Geschehnissen des Jahres 1968 folgendermaßen: „Zu keinem Zeitpunkt der amerikanischen Geschichte war die Jugend stärker als jetzt. Die von Musik geprägte und verbundene Jugend hat die Macht, die Welt zum Guten zu verändern. Ihre Kehrseite ist die Macht zum Bösen."[20] Dies zeigt sich anhand der zahlreichen gewaltsamen Unruhen und Protestbewegungen. John Lennon, der inzwischen von seiner Frau geschieden ist, konsumiert gemeinsam mit Yoko Ono, der neuen Frau an seiner Seite, Cannabis und widmet sich mit ihr seiner Karriere als Solo-Künstler.

Das Jahr 1969, welches viel versprechend beginnt, wird das Ende der Flower-Power-Bewegung einläuten. Zu Anfang des Jahres veröffentlichen John Lennon und Yoko Ono ihre erste gemeinsame Single, deren Verkauf jedoch verboten wird, da sich beide nackt auf dem Cover des Tonträgers zeigen. Im April heiraten die beiden in Amsterdam und veranstalten ein „siebentägiges Bed-in für den Weltfrieden."[21] Das Medieninteresse ist enorm. Das Jahr 1969 gilt als das Jahr der Festivals, die in Newport, Atlanta und Isle of Wight stattfinden. Im Dezember entschließen sich *The Rolling Stones* dazu, ihre erfolgreiche USA-Tournee mit einem *Free Concert* zu beenden, was jedoch darin eskaliert, dass es zu gewalttätigen Auseinandersetzungen mit drei Todesopfern kommt. Dieses Konzert endet nur deshalb im Desaster, weil die *Stones* sich für die *Hells Angels* aus San Francisco als Ordner während des Konzerts entscheiden, die jedoch zum Zeitpunkt des Auftritts der *Rolling Stones* unter starkem Drogen- und Alkoholeinfluss stehen. Sie provozieren aufgrund ihrer erhöhten Konfliktbereitschaft das bislang friedliche Publikum und beschwören somit gewaltsame Auseinandersetzungen herauf. Dabei wird ein 18-jähriger Jugendlicher schwarzer Hautfarbe namens Meredith Hunter erstochen und zwei andere Jugendliche werden bei daraufhin ausbrechenden Unruhen zu Tode getrampelt.

Rückblickend kann gesagt werden, dass „dieses Konzert, das im Desaster endet, […] von vielen als Totengesang der Love-, Peace- und „Flower-Power"-Bewegung betrachtet [wird] und damit als das Ende einer Ära"[22] gilt.

---

[19] Fifka 2007, S.79.
[20] Crampton/Rees 2003, S.197.
[21] Crampton/Rees 2003, S.207.
[22] Crampton/Rees 2003, S.217.

5 *The Beatles* als Mitbegründer der Popkultur[23]

Da *The Beatles* in den 1960er Jahren die Welt des Rock und Pop so stark beeinflusst und nachhaltig verändert haben wie keine andere Band zu dieser Zeit, ist es angemessen, ihnen in dieser Arbeit einen besonderen Stellenwert zukommen zu lassen. Doch wie entstand diese Band und wie gelangte sie zu Weltruhm?

„Die Beatles waren aus einer „Skifflegroup" [namens *The Quarrymen*][24] hervorgegangen, die 1956 von John Lennon gegründet worden war."[25] Dieser hatte schon immer großes Interesse an Musik und dem Schreiben von eigenen Liedern. Die Gründungsmitglieder der *Beatles*, Paul McCartney und John Lennon schlossen sich relativ früh zusammen, da Paul McCartney bereits im Sommer 1956 zur Gruppe hinzu stieß. Lennon und ihn verbanden jedoch nicht nur die Liebe zur Musik, sondern auch die Tatsache, dass beide ihre Mütter früh verloren hatten, Lennon durch den oben erwähnten Autounfall und McCartney durch Brustkrebs. Die beiden Musiker ergänzten sich wunderbar und so „entwickelten [sie] sich zum erfolgreichsten Songwriter-Duo in der Geschichte"[26] und schrieben die meisten Lieder der *Beatles* gemeinsam, bevor George Harrison sich am Schreiben beteiligte. Dieser war 1958 in die Band *Quarrymen* aufgenommen worden, obwohl er selbst eine wenig erfolgreiche Band namens *The Rebells* gegründet hatte. *The Quarrymen* tauften sich „aufgrund ihrer Begeisterung für Buddy Holly and the Crickets […] in „Long John and the Silver Beatles" um, wobei „Beatles" ein Wortspiel aus „Beetle" und „Beat" war."[27] Der neue Name wurde jedoch schnell auf *The Silver Beatles* und dann nur auf *The Beatles* verkürzt. Im Herbst 1960 stößt Ringo Star zur Gruppe hinzu, nachdem sich der eigentliche Bassist Stu Sutcliffe verliebt hat und die Band deshalb verlässt. Die vier endgültigen Bandmitglieder heißen somit John Lennon, Paul McCartney, George Harrison und Ringo Star.

Die vier Pilzköpfe aus England setzen nicht nur durch ihre Musik neue Maßstäbe, sondern auch durch ihr Aussehen und ihre Kleidung, was sie zu Mitbegründern der Popkultur werden lässt, die sich gegen die Welt der Erwachsenen abgrenzt und ihren ganz eigenen Stil zu verwirklichen versucht. Sie erobern zu dieser Zeit in Windeseile die Herzen der Jugendlichen und etablieren sich langfristig im Musikgeschäft.

The Beatles vermittelten mit ihrer Musik „Zuversicht und Sorglosigkeit."[28] So gaben sie sich auch in der Öffentlichkeit, was dazu führte, dass Jugendliche sich stark mit den vier

---

[23] Vgl. Fifka 2007, S.76-83.
[24] Anmerkung der Verfasserin der Ausarbeitung.
[25] Fifka 2007, S.76.
[26] Fifka 2007, S.80.
[27] Fifka 2007, S.81.
[28] Fifka 2007, S.78.

Popmusikern identifizierten, da sie durch ihr unkompliziertes, teilweise respektloses Auftreten dem der jugendlichen Rebellen dieser Zeit sehr nahe kamen. Vor allem die amerikanische Jugend fühlte sich von der Musik der *Beatles* angesprochen, da diese das Gefühl der Sorglosigkeit verkörperte, das die Jugend dieser Zeit nach den politischen Geschehnissen benötigte.

Besonders bezeichnend für die lockere Art der Gruppe waren ihre legendären Interviews, in denen sie sich über die oft sehr banalen Fragen der Reporter lustig machten und diese so öffentlich zur Schau stellten.[29] Auf Fragen wie: „What are you going to do in Washington?" antworteten die *Beatles* beispielsweise: „Sleep."

Durch Ihre freche Art stellen die *Beatles* nicht nur die gesellschaftlich akzeptierten und von den Erwachsenen vorgegebenen Verhaltensweisen und Werte in Frage, sondern auch die Ernsthaftigkeit, mit denen viele Menschen die Herausforderungen des Lebens zu bewältigen versuchten.[30]

Da *The Beatles* sich selbst nicht besonders ernst nahmen und des Öfteren unverschämt und spitzbübisch auftraten, fand nicht nur die amerikanische Jugend der 1960er Jahre Gefallen an ihnen, sondern auch die der westlichen Hemisphäre. So erlangten sie großen Ruhm und wurden sogar von den Erwachsenen dieser Zeit akzeptiert. Ihre Musik wurde allseits beliebt und vieler Orts gehört und so wurden sie zu typischen Vertretern, um nicht zu sagen Vorreitern, der Popkultur.

6 Ausblick

Nach den 1960er Jahren wandelte sich die Welt der Popmusik geringfügig, nachdem es zu Ausschreitungen bei Konzerten kam und der erhöhte Alkohol- und Drogenkonsum vieler Musikgruppen an den öffentlichen Pranger gestellt wurde. Es gab jedoch auch zahlreiche Musikgruppen, die in dieser Zeit entstanden sind und bis heute existieren, z.B. *The Rolling Stones*. Zwischenzeitlich sah man die Popmusik als banale Musik an, die nicht mehr aussagekräftig schien, sondern einfach an ein breites Publikum gerichtet war, um möglichst großen Profit aus ihr zu schlagen. Dadurch erhielt sie einen negativen Beigeschmack, der ihr teilweise in der heutigen Zeit noch immer anlastet. Auch wird die Popmusik nicht mehr als eine Art Musik angesehen, die sich aus den jugendlichen Subkulturen entwickelt hat, sondern vielmehr als Unterhaltungsmusik für die breite Masse, die jedoch immer noch hauptsächlich an die jugendliche Klientel gerichtet ist.

---

[29] Fifka 2007, S.77.
[30] Fifka 2007, S.78.

Es handelt sich mittlerweile um eine Art der Musik, durch die ein breites Publikum erreicht werden soll und deren Liedtexte von banalen, sich wiederholenden Floskeln bis hin zu aussagekräftigen Texten reichen. Die Melodie und der Rhythmus sind sehr eingängig, weshalb auch eine große Zielgruppe erreicht wird, die sich diese Melodien leicht einprägt. Dies trägt dazu bei, dass viele Lieder schnell zu regelrechten Ohrwürmern werden. Im Unterschied zu den Anfängen der Popmusik der 1960er steht vor allem, dass es heute zu jedem neuen Lied, das auf den Markt kommt, bereits ein Video gibt, in dem sich eine Gruppe präsentiert und noch einmal kräftig die Werbetrommel rührt.

Heute gibt es viele verschiedene Musikgruppen, die den Markt mit ständig wechselnden Liedern, Stilen und Images überfluten, aber es lässt sich abschließend sagen, dass *The Beatles* als Vorreiter zu sehen sind, die vielen Musikgruppen den Weg ins Musikgeschäft geebnet haben und den Weg frei machten für eine neue Zeit und eine andere Art von Musik.

7 Literaturverzeichnis

Crampton, Luke/Rees, Dafydd: Rock und Pop. Die Chronik 1950 bis heute. Starnberg: Dorling Kindersley Verlags GmbH, 2003.

Dahlhaus, Carl/Eggebrecht, Hans Heinrich (Hrsg.): Brockhaus Riemann Musiklexikon in zwei Bänden. Mainz, Wiesbaden: F.A. Brockhaus/B. Schott's Söhne, 1979.

Ernst, Thomas: Popliteratur. Hamburg: Europäische Verlagsanstalt/Rotbuch Verlag, 2001.

Fifka, Matthias S.: Von der jugendlichen Rebellion zum Protest einer Generation. Rockmusik in den 50er und 60er Jahren. Baden-Baden: Nomos Verlagsgesellschaft, 2007.

Metzler, J.B.: Literaturlexikon. Begriffe und Definitionen. Hrsg. von Günther und Irmgard Schweikle. Stuttgart: Metzler, 1990.

Seiler, Sascha: Das einfache wahre Abschreiben der Welt- Pop-Diskurse in der deutschen Literatur nach 1960. Mainz: Vandenhoeck & Ruprecht, 2005.

http://www.savoy-truffle.de/zippo/Stationen.html (zuletzt besucht am 25.10.2008)